AF286910

Volker Krahn

Kartfahren auf der Indoorbahn

Tipps für schnelle Rundenzeiten

Bibliografische Information der Deutschen Nationalbibliothek:
Die Deutsche Nationalbibliothek verzeichnet diese Publikation in der Deutschen Nationalbibliografie; detaillierte bibliografische Daten sind im Internet über http://dnb.d-nb.de abrufbar.

Copyright	© 2011 Kartsport-aktuell.de Volker Krahn Marienstr. 9a 30823 Garbsen
E-Mail	vk@infoprodukte.com
Herstellung und Verlag	Books on Demand GmbH, Norderstedt

ISBN 978-3-8423-4712-0

Wichtige Hinweise

Die Informationen in diesem Buch werden ohne Rücksicht auf einen eventuellen Patentschutz veröffentlicht. Warennamen werden ohne Gewährleistung der freien Verwendbarkeit benutzt.
Die Inhalte dieses Handbuches wurden sorgfältig recherchiert. Trotzdem können Fehler nicht ausgeschlossen werden. Verlag und Autor haften nicht für die Folgen von Irrtümern oder Fehlern mit denen dieses Produkt behaftet sein könnte.
Für Verbesserungsvorschläge und Hinweise auf Fehler ist der Autor dankbar.

Inhaltsverzeichnis

Über den Autor

Hallo, ich bin Volker. Meine Hobbys sind Motorsport im Allgemeinen und Kartsport im Besonderen.
Wir, das sind mein Sohn Ronny und ich, sind seit vielen Jahren im Kartsport aktiv. Er fährt, ich schraube.

Angefangen hat damals alles im Indoorbereich, mit den berühmten Kindergeburtstagen. Sehr viele Kindergeburtstage, auch die von den Freunden meines Sohnes, fanden auf einer Indoorbahn in Hannover statt. Ronny kam regelmäßig mit einem Pokal nach Hause. Es war immer der erste Platz.
Ich war jedoch niemals dabei und er drängte mich, auch mal einfach so (ohne Geburtstag), mal mit ihm auf diese Bahn zu fahren. Er wollte mir einfach zeigen, wie gut er es kann. Und tatsächlich, ich war wirklich überrascht. Nun fuhren wir öfter mal dorthin und mit dem Bahnbetreiber entwickelte sich eine Freundschaft. Auf dieser Bahn wurde dann Samstagvormittag für mehrere Stunden und einen guten Preis, ein Kindertraining angeboten. Es waren so ca. 10 Kinder, alle schon sehr gut, die daran regelmäßig teilnahmen. Schnell entwickelte sich Ronny zum besten "Mann". Er fuhr auf dieser Bahn regelmäßig die schnellsten Zeiten und stellte ständig einen neuen Bahnrekord auf. Der letzte konnte über ein Jahr nicht unterboten werden. Dann wurde die Bahn umgebaut. Zu der Zeit sind wir aber schon nicht mehr Indoor gefahren.

Irgendwie wurden uns immer dieselben Fragen gestellt: warum fahrt ihr eigentlich keine Outdoorrennen wie ADAC o. ä.? Dann kamen wir irgendwann, wie die Jungfrau zum Kind, zu einem eigenen, gebrauchten Rennkart mit einem IcA 100 Junioren Motor. Das war Ende des Jahres 2000.
Seit der Saison 2001 sind wir also im Outdoorbereich mit einem eigenen Rennkart, mittlerweile immer die neueste

Homologation und natürlich kein gebrauchtes Material mehr, unterwegs.

Unsere bisher größten Erfolge feierten wir im Jahre 2008 mit dem Titel des DMV Bundesmeisters und dem Vizemeister im ADAC Kart Masters. Beides in der Klasse IcA 100.

So wie wir haben die meisten Outdoor-Fahrer ihre Karriere mit dem Indoor-Kartsport begonnen.

Für den Rennkartsport gibt es schon viele Bücher und einige Seiten im Internet. Auch ich betreibe mit www.kartsport-aktuell.de eine solche. Dort bekommen Sie auch die Bücher „Tipps und Tricks für Kartfahrer" und „Kart Zweitaktmotoren".

Was aber immer wieder zu kurz kommt, ist der Indoorkartsport. Also Tipps für Leute wie Sie, die einfach mal auf die Go Kart Bahn wollen. Die entweder einfach mal zum Spaß Go Kart fahren wollen oder Ambitionen haben wirklich schneller zu werden, um an Indoor-Rennen teilzunehmen. Vielleicht planen Sie ja sogar, über den Indoor-Kartsport mal zu Outdoor-Rennen zu kommen.

Mit diesem Buch möchte ich Ihnen den Einstieg in den Indoor-Kartsport erleichtern. Aber auch fortgeschrittene Fahrer werden hier sicherlich noch einige wertvolle Tipps finden.

Aussuchen der Kartbahn

Wenn jemand als Anfänger, oder „nur mal So" eine Indoorbahn sucht, sucht er wahrscheinlich erst mal im Internet nach der nächstgelegenen Kartbahn. Woran aber erkennt er, ob diese Bahn wirklich gut ist und seinen Vorstellungen entspricht? Was macht überhaupt eine wirklich gute Kartbahn aus? Viele „Gelegenheitsfahrer" haben meist ihre „Hausbahn". Aber welche Alternativen gibt es?

Woran erkennt auch der Laie eine gute, moderne Kartbahn? Das ist sicher eine Frage, die viele Anfänger interessiert.

Die Ansprüche an eine "gute" Indoor-Kartbahn sind ja in den letzten Jahren stark gestiegen.
Früher, Mitte der 90 er Jahre, hat man ein paar Reifen als Streckenbegrenzung in eine Halle gelegt, einige Karts gekauft und fertig war die Indoor-Kartbahn.
Ein paar Schirme und Stühle waren schon fast Luxus.
Diese Zeiten sind aber lange vorbei. Wie sieht es also heute aus?

Da die Suche heute vor allem über das Internet erfolgt ist es wichtig, dass eine Kartbahn eine ansprechende Homepage hat. Denn die ist heute die Visitenkarte eines jeden Unternehmens. Oft sehen Sie der Homepage schon an, dass sie verwahrlost ist. Es stehen z.B. uralte Beiträge drin, das Design und die Bedienerfreundlichkeit lassen zu wünschen übrig. Daran erkennen Sie schon, ob der Bahnbetreiber Wert auf „sein Äußeres" legt. Also auf die Außendarstellung. Hat er für so etwas keine Zeit, wird er auch andere Sachen auf der Kartbahn vernachlässigen. .Kartbahnen mit einer „ungepflegten" Homepage fallen hier beim potentiellen Kunden oft schon durch.

Haben Sie nun im Internet „Ihre" Kartbahn gefunden, werden Sie diese dann besuchen. Hier zählt natürlich zuerst, wie auch bei einem Restaurant oder Hotel, der erste Eindruck. Wie sagt man so schön, für den ersten Eindruck gibt es keine zweite Chance.

Selbstverständlich sollte die gesamte Anlage gepflegt und sauber sein. Das geht los mit dem äußeren Eindruck. Ist es eine abgewrackte Halle oder zumindest eine gut zurecht gemachte? Sind die Karts, die Strecke, das Bistro und das WC in Ordnung und sauber? Auch das Personal sollte freundlich und hilfsbereit sein.

Eine moderne Kartbahn sollte auch über ein gutes Anzeigesystem verfügen. Damit sind nicht nur genügend Monitore gemeint, sondern auch eine große Anzeigetafel die gut an der Strecke positioniert ist. Darauf werden dem Fahrer während der Fahrt seine Rundenzeiten und seine Position gut erkennbar angezeigt.

Die Karts

Nicht nur die Kartbahn selber sollte einen guten Eindruck machen, sondern natürlich auch die Karts. Diese sollten sauber sein und einen guten optischen Gesamteindruck machen.

Worauf sollten Sie nun achten bevor Sie in ein Kart steigen? Fangen wir hinten an. Bei einem Indoorkart müssen die Hinterachse und der Auspuff abgedeckt sein. Das ist Vorschrift! Achten Sie also darauf, ob diese Abdeckung vorhanden ist und das sie nicht lose herumhängt. Werfen Sie kurz einen Blick auf den Tank. Der muss dicht und sauber sein.

Ebenso ist ein Rundumschutz vorgeschrieben. Das können Metallbügel oder auch Kunststoffteile sein, die das Kart vollständig umschließen. Dieser Rundumschutz verhindert ein Verhaken der Karts und schützt auch die Räder. Ein Auflaufen der Räder eines anderen Karts auf die Räder Ihres Karts wird so vermieden. Das schützt vor bösen Unfällen. Prüfen Sie zu Ihrer eigenen Sicherheit, ob der Rundumschutz auch anständig befestigt ist.

Bevor Sie nun tatsächlich in das Kart einsteigen, werfen Sie noch einen Blick auf die Pedale und die Spurstangen. Die Spurstangen sind die Verbindungsstangen zwischen der Lenksäule und dem kleinen Hebel an den Vorderrädern. Sie sollten weder verbogen, noch beschädigt sein.

Die Pedale sollten ebenfalls nicht verbogen oder beschädigt sein und nicht zur Seite wegkippen.

Spurstange

Das hört sich erst mal viel an, ist aber mit wenigen Blicken oder Handgriffen gecheckt. Stellen Sie etwas Unregelmäßiges fest, reklamieren Sie das bitte sofort beim Bahnpersonal. Es ist zu Ihrer eigenen Sicherheit und auch zur Sicherheit der Anderen.

Das Bahnpersonal weist Sie auch in die Bedienung des Karts ein.

Die Kleidung

Das wichtigste ist natürlich der Helm. Wenn Sie keinen
eigenen haben, können Sie sich auf der Kartbahn einen
ausleihen. Der Helm muss richtig passen, soll nicht drücken
und darf auf keinen Fall zu groß sein. Merken Sie erst
während der Fahrt, dass Ihnen der Helm bei jeder
Bodenwelle ständig ins Gesicht rutscht, ist es für einen
Helmwechsel zu spät.

Wie wählen Sie den Helm gewissenhaft aus?

Setzen Sie den Helm auf und schütteln Sie mit geöffnetem
Kinngurt den Kopf. Dabei darf der Helm seinen Sitz nicht
verändern.
Sie können auch versuchen den Helm über den Kopf zu
drücken. Fassen Sie dazu den mit dem Kinnband
geschlossenen Helm mit beiden Händen von hinten und
versuchen ihn über den Kopf zu drücken. Sollte dies
gelingen, sitzt der Helm nicht richtig und Sie sollten eine
kleinere Größe anprobieren.
Versuchen Sie auch, den Helm nach links und rechts zu
drehen ohne den Kopf dabei zu bewegen. Sollte hierbei der
Helm schon soweit verdreht werden können, dass Sie auf
einem Auge schon nichts mehr sehen, ist der Helm zu groß.

Das Visier sollte nicht zerkratzt sein, sonst behindert es
Ihre Sicht. Mit offenem Visier sollten Sie nicht fahren. Von
vorausfahrenden Karts wird oft Gummiabrieb oder Schmutz
hochgeschleudert. Wenn Sie davon etwas ins Auge
bekommen, ist das sehr schmerzhaft.
Auch das Bahnpersonal kann Sie bei der Helmauswahl
beraten. Wenn Sie sich einen Helm leihen, benötigen Sie
eine Kopfhaube (Sturmhaube). Auch diese bekommen Sie
auf der Kartbahn.

Für die Kleidung gilt: Es darf nichts flattern. Am besten ist ein Overall, den viele Kartbahnbetreiber, ebenso wie die Helme, zum Ausleihen anbieten.

Nun, es muss nicht unbedingt ein Overall sein. Aber kurze Hosen, T-Shirt und Sandalen sind absolut verkehrt. Auch wenn es warm ist und Sie beim Kartfahren schwitzen. Durch den Fahrtwind wird es kühl und Sie haben sich schnell eine Erkältung eingefangen.

Also, lange Hosen und langärmlige Oberbekleidung sind angesagt.

Empfehlenswert ist weiterhin festes Schuhwerk mit einer möglichst dünnen Sohle sowie Handschuhe. Die Handschuhe sind nicht unbedingt notwendig, verbessern aber den Griff am Lenkrad und schützen vor hochgeschleudertem Gummiabrieb. Auf vielen Kartbahnen können Sie spezielle Karthandschuhe zu einem kleinen Preis kaufen.

Der Sitz

Der richtigen Sitzposition bzw. dem richtigen Sitz wird leider viel zu wenig Bedeutung beigemessen. Sicherlich ist es bei einem Leihkart schwieriger den passenden Sitz oder die passende Sitzschale zu finden, als bei einem eigenen Kart.

Sie sollten jedoch versuchen den Sitz so eng wie möglich zu wählen. Eine passende Sitzschale kann dabei helfen. Fragen Sie die Bahnaufsicht nach solch einer Sitzschale. Ideal wäre es, wenn der Sitz ohne diese Schale passt.
Bei schnellen Kurvenwechseln werden Sie in einem zu großen Sitz hin und hergeschleudert. Das kann zu Blessuren führen. Andererseits wird ein ambitionierter Fahrer Schwierigkeiten haben, damit seine Rundenzeiten zu verbessern. Je mehr Sie sich im Sitz hin und herbewegen, um so weniger merken Sie, wie das Kart reagiert.

Schaumstoffpolster sind gut für die Bequemlichkeit, für richtig schnelle Runden sind sie aber ungeeignet. Vielmehr sollte jemand der regelmäßig Kart fährt, auf einen Rippenschutz zurückgreifen. Dieser eignet sich sehr gut um Prellungen oder gar Rippenbrüche zu vermeiden.
Im Outdoorbereich (DMV Chamionship und ADAC Masters) verwenden wir ausschließlich **ungepolsterte** Sitze die so eng sind, dass der Fahrer gerade so reinpasst.
Eine Schutzweste ist zwar nur für Bambini und Junioren vorgeschrieben. Ich kenne aber keinen Seniorfahrer, der ohne einen Rippenschutz auch nur eine Runde dreht.

Der Einbau des Sitzes ist fast eine Wissenschaft für sich. Es geht neben der Sitzposition auch um die Gewichtsverteilung und das Gripniveau.
Im Leihkart können Sie darauf nicht so einen großen Einfluß nehmen, jedoch sind die Sitze in der Regel verschiebbar.
Sie sollten Ihren Sitz also zumindest so einstellen, dass Sie gut die Pedale erreichen können.

Die richtige Sitzposition

Die richtige Sitzposition haben Sie, wenn Sie mit beiden Beinen bequem beide Pedale (Brems- und Gaspedal) erreichen und vor allem auch ganz durchtreten können.

Beim vollständigen Durchtreten der Pedale sollten die Knie jedoch auf keinen Fall komplett durchgestreckt, sondern immer noch leicht angewinkelt sein. Bei einem Frontal-Aufprall können Sie sich sonst ernsthafte Verletzungen der Kniegelenke zuziehen.

Durch abwechselndes Durchtreten beider Pedale können Sie prüfen, ob ein unverkrampftes Fahren überhaupt möglich ist. Wenn Sie dabei die Pedale nur durchtreten können, indem Sie mit dem Hintern im Sitz hin und herrutschen, sind die Pedale zu weit entfernt. Entweder können Sie nun den Sitz entsprechend verschieben, oder Sie benötigen Pedalverlängerungen. Diese sind in wenigen Minuten von den Mechanikern der Kartbahn montiert. Nutzen Sie diese Möglichkeit.

Prüfen Sie jetzt auch, ob Sie beim Durchtreten des Bremspedals einen festen Widerstand spüren, oder ob sich das Pedal „weich" anfühlt. Sollte das der Fall sein, fahren Sie nicht los, sondern informieren Sie sofort das Bahnpersonal.

Endlich losfahren

Wenn Sie die vorher beschriebenen Schritte alle hinter sich haben, geht es nun endlich ums Fahren.

Sind Sie noch Anfänger, dann lassen Sie sich vom Bahnpersonal noch einmal die Streckensignale erläutern.

Nachdem Sie losgefahren sind, prüfen Sie noch einmal die Bremse und die Lenkung.

Die Bremse sollte ohne allzu großes Pedalspiel greifen und die Lenkung muss ohne großes Spiel und gleichmäßig funktionieren. D.h., sie darf nicht zu einer Seite ziehen.

Sollten Sie Unregelmäßigkeiten feststellen, halten Sie sofort an und informieren Sie das Bahnpersonal, denn es geht hier um Ihre Sicherheit und auch um die Sicherheit der anderen Fahrer die mit Ihnen auf der Bahn sind.

Wenn Sie anhalten, bleiben Sie im Kart sitzen. Steigen Sie keinesfalls aus. Das Bahnpersonal wird erkennen das ein Kart steht und „Gelblicht" schalten. Das ist die Warnung für alle anderen Fahrer. Man wird sich nun um Sie kümmern. Wenn an Ihrem Kart etwas nicht stimmt, wird man Ihnen ein anderes zur Verfügung stellen.

Wenn Sie noch Anfänger sind, lassen Sie es etwas ruhiger angehen und sich nicht vom Rennfieber der Routiniers anstecken. Immerhin erreichen manche Karts eine Höchstgeschwindigkeit von 65 km/h. Selbstüberschätzung gehört zu den häufigsten Unfallursachen.

Die richtige Körperhaltung

Kartanfänger machen meist den Fehler, dass sie sich "in die Kurve" legen (ähnlich wie beim Motorrad). Der erfahrene Kartfahrer bleibt jedoch aufrecht und ruhig sitzen.
Manchmal kann es sogar noch vorteilhaft sein, sich aus der Kurve "rauszuhängen", um mehr Druck und damit mehr Grip auf das kurvenäußere Hinterrad zu bekommen.

Die Lenkradhaltung

Denken Sie bitte daran, dass ein Go Kart kein Auto ist. Die Lenkung ist bei einem Kart viel direkter als bei einem Auto. Um durch eine Kurve zu fahren, müssen Sie das Lenkrad also wesentlich weniger einschlagen als bei einem Auto.

Halten Sie Ihr Lenkrad nicht zu locker, womöglich noch mit einer Hand, aber auch nicht verkrampft. Halten Sie es mit beiden Händen fest. Ob Sie es lieber weiter oben oder unten anfassen, hängt von Ihnen ab. Entscheidend ist, dass Sie Ihre Lenkradhaltung so wenig wie möglich ändern müssen.

Am besten ist es, wenn Sie in einem Zug durch die Kurven kommen, also ohne Ihre Lenkradhaltung zu ändern. Wenn Sie sie doch ändern müssen, dann nur indem Sie „nachfassen". Auf gar keinen Fall sollten Sie „übergreifen".

Auch mit beiden Händen das Lenkrad zu einer Seite ziehen zu wollen, geht gar nicht. Zumindest nicht, wenn Sie schnell unterwegs sein wollen. Das wollen Sie doch, oder?

Möglichst schnelle Runden

Kommen wir nun zu dem, was jeder Kartfahrer möchte. Möglichst schnelle Runden drehen.

Ein Indoorkart hat in der Regel eine maximale Leistung zwischen 6,5 und 9 PS. Um diese Leistung auch zu erreichen bzw. abzurufen, ist eine bestimmte Motordrehzahl erforderlich.

Ganz wichtig ist, versuchen Sie so zu fahren, dass die Drehzahl nicht „abreißt" und in den Keller fällt. Die Drehzahl dann wieder nach oben zu bekommen kostet Zeit.

Viele Quersteher und Drifts sehen zwar spektakulär aus, schnelle Rundenzeiten werden Sie aber mit solch einem Fahrstil nicht hinbekommen. Jedes Rutschen oder Driften kostet Zeit.
Vielmehr sollten Sie einen runden, flüssigen Fahrstil bevorzugen.

Rudern Sie nicht unnötig mit dem Lenkrad herum, sondern versuchen Sie die Kurven „in einem Zug" zu fahren. Also mit so wenig Lenkradkorrekturen wie möglich. Versuchen Sie jeden überflüssigen Drift zu vermeiden und mit einem möglichst hohen Drehzahlniveau aus der Kurve heraus auf den nächsten Streckenabschnitt zu gelangen.

Wie gut Sie aus einer Kurve herauskommen, ist entscheidend für Ihre Geschwindigkeit auf der folgenden Geraden und damit für eine gute Rundenzeit.

Die schnellste Linie ist die so genannte Ideallinie. Das bedeutet, Sie fahren eine Kurve außen an, ziehen dann nach innen bis zum Scheitelpunkt und lassen sich dann wieder nach außen tragen. So wie es auf der nachfolgenden Skizze angedeutet ist.

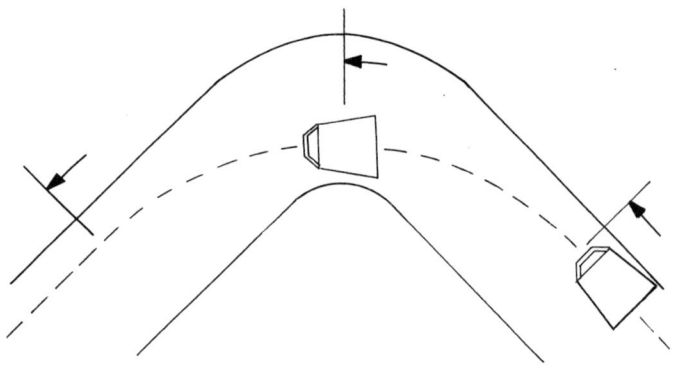

Die erste Markierung (Pfeil) ist der Einlenkpunkt. An diesem Punkt sollten Sie bereits mit dem Bremsen „fertig" sein. Achten Sie beim Einlenken darauf, dass Sie Anfangs nicht zu stark einlenken. Sie müssten dann die Lenkung gleich wieder etwas öffnen. So entsteht eine unruhige Kurvenfahrt und Sie sind nicht schnell.

Versuchen Sie die Lenkung ruhig zu halten und sozusagen in einem Zug durch die Kurve zu kommen und den Scheitelpunkt, also die mittlere Markierung, so weit innen wie möglich zu treffen.

Ab dem Scheitelpunkt beschleunigen Sie wieder voll und lassen sich, am Besten ohne irgendwie zu rutschen, nach außen tragen.

Ihr Motor „hängt jetzt gut am Gas" und Sie können viel Schwung auf die folgende Gerade mitnehmen.

Folgt auf die erste Kurve sofort eine zweite, dann fahren Sie die erste Kurve ebenfalls außen an und ziehen nach innen zu deren Scheitelpunkt.

Ab hier fahren Sie so zusagen geradeaus auf den Scheitelpunkt der folgenden Kurve. Von dort lassen Sie sich wieder nach außen tragen auf die folgende Gerade.

Je „runder" Sie fahren und je weniger Sie rutschen umso schneller werden Sie sein. Entscheidend ist, wie gut Sie aus einer Kurve herauskommen.

In Verbindung mit „Rutschen" haben Sie evtl. schon einmal die Begriffe „ Untersteuern" und „Übersteuern" gehört. Was ist darunter zu verstehen? Das sollen Ihnen die folgenden Skizzen verdeutlichen.

In folgender Skizze ist das Untersteuern dargestellt. Beim Untersteuern schlagen Sie die Vorderräder stärker ein als es eigentlich notwendig wäre. Das Kart will nicht richtig in die Kurve laufen, sondern schiebt über die Vorderräder geradeaus.

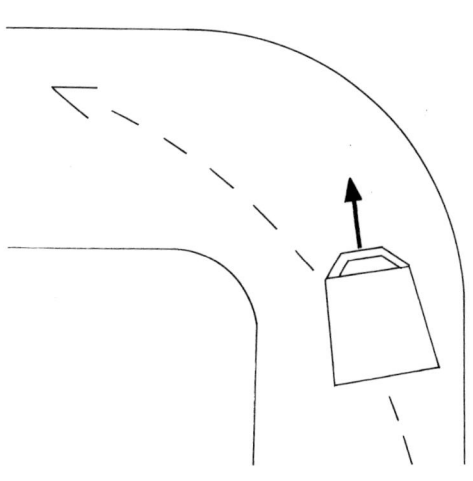

Übersteuern, wer hätte das gedacht, ist das Gegenteil von Untersteuern. Beim Übersteuern will die Hinterachse Sie überholen. Sie bricht in Richtung Kurvenaußenseite aus.

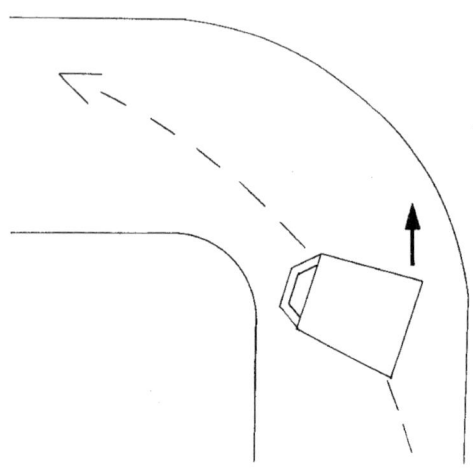

Kurz gesagt: Untersteuern ist, wenn Sie zuerst mit dem Frontspoiler den Reifenstapel berühren. Übersteuern ist, wenn sie zuerst mit der Hinterachse einschlagen.

Richtiges Bremsen

Was man in einem Kart in den Kurven für Querbeschleunigungen erreichen kann, überrascht so manchen Anfänger.

Obwohl einige Kurven tatsächlich voll gehen würden, ist Bremsen davor meist doch die bessere Variante. Andererseits können Sie die Kurve nicht ideal anfahren, treffen den Scheitelpunkt nicht richtig und rutschen am Kurvenausgang. Das kostet enorm viel Zeit. Im schlechtesten Fall drehen Sie sich oder landen in der Bahnbegrenzung.

Den richtigen Bremspunkt zu finden und auch wie stark Sie vor der jeweiligen Kurve bremsen sollten, ist natürlich Übungssache. Denken Sie beim Bremsen daran, die Motordrehzahl nicht in den Keller fallen zu lassen.

Bremsen Sie vor einer Kurve also nicht so stark ab, dass die Motordrehzahl extrem niedrig wird. Gehen Sie lieber etwas früher vom Gas. So halten Sie die Motordrehzahl auf einem akzeptablen Niveau und können ab dem Kurvenscheitelpunkt wieder optimal beschleunigen.

Lieber etwas langsamer in die Kurve hinein, dafür schneller wieder heraus. Das ist das richtige Rezept.

Wie bereits weiter oben beschrieben, sollte der Bremsvorgang vor dem Einlenken abgeschlossen sein. Eine Ausnahme bildet hier eine spezielle Fahrtechnik, das „Anstellen". Dabei zwingt der Fahrer das Kart vor dem Kurvenscheitelpunkt zu einem kontrollierten Übersteuern. Mit dieser Technik sind Sie nur in Ausnahmefällen tatsächlich schneller. Sie erfordert sehr viel Übung und kann daher nur von sehr erfahrenen Fahrern sinnvoll eingesetzt werden.

Die Reifen

Die Reifen stellen den Kontakt zwischen Kart und Fahrbahn her. Sie müssen also sämtliche Kräfte übertragen. Das sind Beschleunigungs- und Bremskräfte, aber auch Querbeschleunigungskräfte. Also die Fliehkräfte, wenn Sie eine Kurve durchfahren.

Denken Sie bitte daran, dass die Summe aller Kräfte die ein Reifen übertragen kann immer 100% ist. Wenn Sie von diesen 100 % z.B. schon 99 % für die Übertragung der Bremskräfte benötigen (weil Sie vor einer Kurve extrem stark abbremsen) und gleichzeitig stark in eine enge Kurve einlenken, wird ein Quersteher oder gar Dreher unvermeidlich sein. Das ist der Grund, warum der Bremsvorgang bereits vor dem Einlenken abgeschlossen sein soll.

Wie viel Kraft ein Reifen übertragen kann, also wie viel Grip er aufbauen kann, hängt von seiner Beschaffenheit und vor allem von seiner Temperatur ab. Je wärmer der Reifen ist, umso mehr Grip kann er aufbauen. Mit warmen Reifen kommen Sie also besser durch eine Kurve als mit kalten.

Wie schnell ein Reifen auf Temperatur kommt, hängt entscheidend vom Luftdruck im Reifen ab. Je höher der Reifeninnendruck, umso schneller kommt der Reifen auf Temperatur. Das können Sie aber nur bis auf ein bestimmtes Maß ausdehnen, andernfalls wird der Reifen zerstört. Es gehört schon einige Erfahrung dazu, den richtigen Reifendruck einzustellen.

Als Anfänger wird Ihnen das Bahnpersonal auf keinen Fall gestatten, den eingestellten Reifendruck zu verändern.

Überholen

Einen Gegner zu überholen ist natürlich das Salz in der Suppe beim Kartfahren. Aber auch das will gelernt sein.

Wenn Sie dabei andere behindern, gefährden oder gar in die Streckenbegrenzung schieben, wird die Bahnaufsicht Sie ziemlich schnell von der Strecke holen.

Gehen Sie beim Überholen also vorsichtig und vor allem fair zu Werke.

Eine gute Möglichkeit Ihren Gegner zu überholen bietet sich beim Anbremsen vor einer Kurve. Dazu verlassen Sie Ihre Ideallinie und setzen sich innen neben Ihren Gegner. Der kann nun seinerseits nicht auf der Ideallinie bleiben und nach innen ziehen, weil Sie dort schon sind. Er muss also außen bleiben. Im Idealfall können sie nun innen überholen.

Sie sollten dabei darauf achten, dass sie nicht zu schnell in die Kurve fahren. Dabei könnten sie herausgetragen werden und Ihren Konkurrenten in die Streckenbegrenzung befördern. Auch verbremsen sollten Sie sich nicht. Bei einem zu starken Bremsen fällt die Motordrehzahl sehr tief ab und Sie können nicht gut aus der Kurve Herhausbeschleunigen. Sie müssen auch aufpassen, dass Sie nicht so spät bremsen, dass die Kurve „zu spitz" wird. Dann können sie nicht richtig aus der Kurve Herhausbeschleunigen. Sie sind dann zwar am Kurvenscheitelpunkt vor Ihrem Konkurrenten, der kann aber den Schwung besser nutzen und ist schon am Kurvenausgang wieder vor Ihnen.

Bedenken Sie, dass Sie bei solchen Manövern, gerade wenn sie nicht richtig klappen, auch Zeit verlieren. Ihre Verfolger können aufschließen.

Kampflinie

Die Kampflinie hat nichts mit einer überharten Fahrweise zu tun.

Im Gegensatz zur Ideallinie ist das Ziel der "Kampflinie" nicht die schnellste Rundenzeit zu erzielen, sondern dem Gegner das Überholen zu erschweren. Sie wehren sich damit dagegen, überholt zu werden.

Gute Überholmöglichkeiten ergeben sich oft beim Anbremsen vor einer Kurve. Hier kann der Gegner Sie ausbremsen indem er seine Ideallinie verlässt und Sie innen überholt. Um das zu verhindern, fahren Sie die Kurve nicht auf der Ideallinie an, sondern ziehen früher nach innen. Damit hat ihr Gegner keine Chance, Sie innen zu überholen. Achten Sie dabei darauf, dass Sie keine Kollision verursachen.
Bremsen Sie jedoch zu spät und fahren die Kurve zu spitz an, können sie nicht optimal Herhausbeschleunigen und Ihr Gegner wird Sie außen herum überholen.

Kampflinie zu fahren macht nur Sinn, wenn die Fahrer einigermaßen gleich schnell sind. Wenn Ihr Gegner doch eine ganze Ecke schneller ist, lassen Sie ihn vorbei.

Die Kampflinie hat den Nachteil, dass Ihre Rundenzeiten und auch die Ihres Gegners, langsamer werden. „Kämpfen" Sie mit Ihrem Gegner viele Kurven lang oder gar mehrere Runden, werden die Verfolger aufschließen.

Sinnlos ist die Kampflinie bei Zeit-Qualifikationen, wo es nur um die schnellste Rundenzeit geht. In diesem Fall kämpfen Sie nicht mit Ihrem Gegner, sondern lassen gegebenenfalls etwas Abstand und starten dann zu einer neuen schnellen Runde. Die ist nur auf der Ideallinie möglich.

Indoorkart Meisterschaften

Möchten Sie nicht nur ab und zu mal Indoorkart fahren, sondern diesen Sport ernsthaft betreiben, gibt es mehrere Möglichkeiten. Sie können z.B. an offiziellen Meisterschaften teilnehmen.

Diese Meisterschaften werden in mehreren Rennen ausgetragen, die auf unterschiedlichen Kartbahnen stattfinden.

Da es meist Langstreckenrennen sind, erfolgt die Wertung als Teamwertung. Ein Team besteht in der Regel aus drei Teilnehmern.

Es gibt regional verschiedene Meisterschaften. Für den Norden ist es z.B. die KRS. Es ist eine Serie in der 9 Stunden - Rennen gefahren werden.

Weitere Infos dazu gibt es unter folgender Adresse:

http://www.krs.rsd-kart.org

Das Pendant dazu für den Süden ist die SHM, die Süddeutsche Hallenkart Meisterschaft.
Die Rennen der Süddeutschen Hallenkart Meisterschaft haben eine Dauer von 200 Min. In der Saison werden insgesamt 8 Rennen ausgetragen. Weitere Infos unter:

http://www.shm-cup.de/

Indoorkart – Forum

Wenn Sie nach einer Gemeinschaft suchen, die alle Facetten des schönsten Hobbys der Welt lebendig diskutiert, wo die Leute bei vielen regionalen und überregionalen Rennen aus der Anonymität des Internet heraustreten und echte Freundschaften schließen, dann empfehle ich Ihnen das Indoorkart-Forum.

Auf http://www.indoorkart-forum.de erfahren Sie alles über den Indoor - Kartsport. Sie bekommen hier viele Tipps für Anfänger und Fortgeschrittene. Es wird über Termine von Kartclubs und Indoorevents berichtet. Wer Interesse hat sich einem Club anzuschließen um Go Kart fahren zu wollen und sich mit anderen, erfahrenen Fahrern, messen möchte, findet hier ebenso etwas wie der Anfänger, der sich erst mal über grundsätzliche Fragen informieren möchte. Erfahrungsberichte über die verschiedenen Kartbahnen fehlen natürlich auch nicht.

Empfehlungen für Rennkartbesitzer

Videosammlung Montagen / Reparaturen am Kart

Es gibt Arbeiten am Kart, die relativ unbeliebt sind. Zu diesen Arbeiten gehören mit Sicherheit der **Kartsitz Einbau**, die Membranen des **Vergasers** zu reinigen bzw. zu erneuern sowie die **Bremsanlage** zu **entlüften**. Diese Arbeiten sind auch deshalb so unbeliebt, weil oft eine große Unsicherheit herrscht, wie man dabei vorzugehen hat.

Um diese Unsicherheiten etwas auszuräumen, haben wir mal einige Videos produziert, in denen die Vorgehensweise bei diesen Arbeiten genau gezeigt wird und was dabei zu beachten ist. Die Videosammlung umfasst folgende Videos:

- **Kartsitzeinbau**: Dort wird erklärt, nach welchen Kriterien Sie den Sitz auswählen sollten und was Sie beim Einbau beachten müssen. Incl. Einbaumaße.

- **Vergaser montieren/demontieren**: Hier wird Ihnen gezeigt, wie Sie einen Vergaser nach dem Tillotson-Prinzip auseinander- und wieder zusammenbauen. Wie Sie die Membranen kontrollieren bzw. erneuern und was Sie bei der Montage / Demontage beachten sollten. Weiterhin sehen Sie, wie der Vergaser nach erfolgter Montage geprüft wird damit sichergestellt ist, dass er auch richtig funktioniert.

- **Bremsanlage entlüften**: Ein Video in dem Ihnen gezeigt wird, wie Sie vorgehen, um die Bremsanlage Ihres Rennkarts zu entlüften.

Diese Videos werden Ihnen Sicherheit bei den durchzuführenden Arbeiten geben und können Ihnen helfen, teure Fehler zu vermeiden. Sie sind zwischen ca. 5 min und 9 min lang. Zu jedem Video gibt es einen einführenden bzw. beschreibenden Text in Schriftform dazu.

Zugang zu den Videos erhalten Sie unter: http://kartsport-aktuell.de/videos/

Volker Krahn

Preis: 19,70 Euro

Karthandbuch

"Tipps und Tricks für Kartfahrer"

Dieses Buch ist kein Theoriebuch. Die Autoren haben hier ihre Erfahrungen aus unzähligen Kartrennen eingebracht. Wenn Sie dieses Buch gelesen haben, werden Sie Ihr Kart soweit verstehen lernen, dass Sie damit arbeiten können. Das bedeutet, dass Sie selber erkennen werden was Sie machen müssen um schneller zu werden.

Weiterhin werden Sie Ihr Kart selber so vorbereiten können, dass Sie nicht mehr wegen eines Ausfalls oder Defektes vorzeitig einpacken müssen. „Schrauben" wird für Sie kein Problem mehr sein.

Dieses Handbuch wird Ihnen viele Fragen rund ums Kartfahren beantworten. Das Buch ist für Anfänger sowie für Fortgeschrittene gleichermaßen geeignet. Neben der Karttechnik wird in einer Schritt für Schritt Anleitung genau erklärt, wie Sie Ihr Kart auf bestimmte Strecken- und Gripverhältnisse optimal einstellen können um schneller zu werden. Die Informationen in diesem Buch werden Ihnen helfen, teure Fehler zu vermeiden und somit viel Geld zu sparen.

Eine kostenlose Leseprobe gibt's auf folgender Seite:

www.spass-am-kartsport.de/leseprobe.exe

Volker Krahn

Oliver Tchirsky

ISBN 978-3-8423-4662-8

49,95 Euro

Kart Zweitaktmotoren

Ziel des Buches „Kart Zweitaktmotoren" ist es, dass selbst weniger geübte in die Lage versetzt werden, gewisse Arbeiten an ihrem **Kartmotor** eigenhändig durchzuführen und Fehler bzw. Störungen selbst zu erkennen und zu beheben. Das Buch richtet sich aber nicht nur an Anfänger, sondern auch an Fortgeschrittene. Der Co-Autor Oliver Tschirsky ist ein absoluter Spezialist für Kart - Zweitaktmotoren. Er revidiert seit vielen Jahren diese Motoren selbst und zwar incl. Honen und Pressen der Kurbelwelle. Oliver hat also genügend Erfahrungen, die er in dieses Buch mit eingebracht hat. Deshalb sind wir überzeugt, dass das Buch nicht nur für Anfänger, sondern auch für erfahrene Schrauber interessant ist.

Inhalt des Buches: Angefangen mit der Erläuterung des Zweitaktprinzips geht es über die Besprechung der einzelnen Motorvarianten zur Gemischzusammensetzung und Vergasereinstellung. Anhand von Zündkerzen- und Kolbenbildern werden verschiedene Einstellungen besprochen. Einen großen Teil nimmt die Demontage und Montage eines Motors ein. Es wird dargestellt, wie die einzelnen Teile auf ihren Verschleißgrad geprüft und wie Kolben und Zylinder vermessen werden um das neue Kolbenmaß festzulegen. Auch die Einstellung des Spaltmaßes und der Zündung ist natürlich ein Thema. Abgerundet wird das ganze mit dem Thema Abgasanlage und Kupplung sowie einer Anleitung zur Störungssuche.

Eine kostenlose Leseprobe gibt es auf folgender Seite:

www.spass-am-kartsport.de/motoren-leseprobe.exe

Volker Krahn, Oliver Tschirsky

ISBN 978-3-8423-4700-7

49,95 Euro